FACULTÉ DE DROIT DE TOULOUSE.

# THÈSE

POUR

# LA LICENCE.

TOULOUSE,

IMPRIMERIE DE CHARLES DOULADOURE,
RUE SAINT - ROME, 59.

1862.

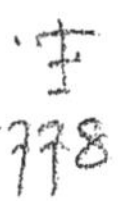

FACULTÉ DE DROIT DE TOULOUSE.

# THÈSE

POUR

## LA LICENCE,

PAR

**M. DELOUME** (Léon),

(Né à Toulouse).

TOULOUSE,

IMPRIMERIE DE CHARLES DOULADOURE,

Rue Saint-Rome, 39.

1862.

A la Mémoire de mon Père.

—

A MA MÈRE.

—

AUX MIENS.

# JUS ROMANUM.

## De Concubinis et Legitimatione per subsequens matrimonium.

Dig. lib. XXV, tit. VII ; Inst., lib. I , tit. X, § XIII.

### De Concubinis.

MATRIMONIUM quod inter cives Romanos et secundum jus contrahitur justæ nuptiæ dicitur; actus juris civilis, illius juris legibus regitur, forma, conditionibus et effectibus. Romani ergo agnoscunt matrimonium inter personnas tantum quæ secundum præcepta juris coeunt. In hoc casu solum invenitur vir, uxor, dos et erga liberos qui ex tali consociatione nascuntur patria potestas.

Attamen est altera sexuum consociatio, quæ concubinatus vocatur, quæ juris civilis legibus non regitur, sed jure gentium. Etiam multo justis nuptiis differtur concubinatus inhibitionibus effectibusque. Non omnes certe uxorem ducere licet, etenim ad justas nuptias contrahendas necessariæ sunt conditiones quæ in concubinatu non petuntur. Vir et uxor cives Romani esse debent et frui illo jure quod jus connubii apud Romanos dicitur. Cognatio et publicus personarum status justis nuptiis impedimentum sunt. Præses provinciæ sibi adjungere non potest filiam quæ sub illius imperio est. Lege 5. D. *de Concubinis* autem nobis refertur : concubinam ex ea provincia, in qua quis aliquid administrat, habere potest. Quod autem propter cognationem justis nuptiis impedimentum, concubinatui etiam impedimentum est, sed tamen cum aliqua differentia. Pupilla enim duodecim annis sui tutoris concubina fieri potest, sed tantum sex et viginti annos nata illum in matrimonium ducere. Et ita : Si qua in patroni fuit concubinatu, deinde in filii esse cœpit, vel in nepotis vel contra : non puto eam recte facere. Quia prope nefaria est hujusmodi conjunctio ; et ideo hujus modi facinus prohibendum est ; l. I. D. § 3, h. t.

Solo consensu dissolvitur concubinatus, non enim opus est tollere vincula quæ in justis nuptiis sunt. Quamvis concubina ab uxore multo differtur, difficile est eas distinguere, et concubinam ex sola animi destinatione æstimari oportet. L. 4. D. h. t. Mulier uxor dicitur, quum et nomine honoribusque mariti cum illo fruitur. Certe connubium est, quotiescunque invenitur instrumentum dotale, sola enim uxor dotem accipere potest ; et dicere nobis liccat ut omnia breviter : ubi dos, ibi uxor.

Mulier concubina nomine proprio et non mariti vocatur, illius honoribus non fruitur, et nunquam in manum mariti venit, nequidem iis conditionibus quibus uxor in manum veniret. Ex concubinatu nati, sui juris, patriæque potestati subjecti non sunt. Gaius dicit in commentario primo, § 55 : In potestate nostra sunt liberi nostri quos justis nuptiis procreavimus. Illis, qui ex concubinatu nati sunt, civilis familia non est, et nullum jus in patris bonis illorumque hæreditate habent. Justinianus tamen, ad solam naturam clemens, aliquod jus concedit. Nov. XVIII, cap. 5.

Concubinatus effectus producit quosdam quorum necessarium loqui. Ex tali consociatione nati, quamvis legitimorum juribus liberum non fruuntur originem certam habent, filii naturales dicuntur et spuriis, vulgoque conceptis, discernuntur. Illis solis legitimatio per subsequens matrimonium, de quo tractare debemus, existit, et solum quum concubinatus in justis nuptiis vertitur.

## De Legitimatione per subsequens matrimonium.

Justiniani institutionibus invenimus. Inst. de nuptiis, § 13 : Aliquando autem evenit ut liberi qui, statim ut nati sunt, in potestate parentium non fiant, postea autem redigantur in potestatem parentium. Qualis est is qui, dum naturalis fuerat postea curiæ datus potestati patris subjicitur. In patria potestate veniunt liberi, seu per testamentum, seu principis rescriptum, vel per subsequens matrimonium. De illo legitimationis modo nunc tractandum est.

Constantinus, talem primus legitimationem accepit, et cum illa omnes effectus qui a legitimatione oriuntur. Zeno statuit hunc per subsequens matrimonium legitimationis modum, desinire nisi erga liberos, edicta constitutione, natos. Quod ediderat Zeno, ut cives ad justas nuptias convolent, nec per concubinatum sperent legitimos liberos habere posse. Justinianus autem illi legitimationis modo omnes restituit effectus. Imperator Leo Philosophus talem consociationem pati noluit, religionis morumque causa. Ita ab illo dicitur : Sacræ benedictionis testimonio matrimonia confirmari jubemus. Nihil enim inter cœlibatum et matrimonium quod reprehendi non debeat, medium invenias. Conjugalis vitæ desiderio teneris. Conjugii leges serves necesse est. Displicent matrimonii molestiæ. Cælebs vivas neque matrimonium adulteres, neque falso cœlibatus nomine culpam prætextas. Nov. Const. Leonis LXXXIX.

Legitimatio non erga liberos tantum, sed etiam erga familiam et præsertim erga patrem effectus producit. Legitimatio sic constituta majus commodum parentibus quam liberis præbet : Nulli enim alii sunt homines qui talem in liberos habeant potestatem qualem nos habemus. Inst. *de patria potestate*, § 2.

Apud nos autem beneficium a legitimatione solus liber accepit, nec invenimus hanc regulam quæ ita refertur lege II D. *De his qui sui vel alieni juris sunt :*

Inviti filii naturales vel emancipati non rediguntur in patriam potestatem. Nam nobis dicere liceat : si solvere jus patriæ potestatis invitis filiis non permissum est patribus, multo magis sub potestate redigere invitum filium et nolentem, sive per oblationem ad curiam, sive per instrumentorum celebrationem, sive per aliam quamlibet machinationem, tanquam sortem metuentem paternam non justum est. Nov. LXXXIX, cap. 11, Prooem. Sic erga defunctos non est legitimatio; consentire non possunt ablatoque consensu, non est possibilis talis legitimationis modus.

Ita evenire potest, filiis plurimis existentibus, alteri legitimi fiunt, et in parentium potestatem rediguntur, alteri autem in jure gentium manent, id est naturales liberi et ergo sui juris.

Præterea duo sunt conditiones cum consensu necessariæ : 1º Ut justæ nuptiæ fieri potuerint; 2º constitueturque instrumentum dotale.

1º Hic solus legitimus fieri potest, ait Justinianus, qui a libera muliere procreatus, cujus matrimonium minime legibus fuerat interdictum, in tempore liberi nativitatis et non solum in sacrorum jugalium hora. Ita evenit, quum nunquam concubinatui fuit impedimentum cognationis sive naturalis honestatis, v. g., alterum matrimonium. In hoc casu enim concubinatus esse non potest, et tali consociatione liberi non naturales sed vulgo quæsiti dicebantur et in stupro concepti. Satis est ut in nativitatis tempore possibile fuerit matrimonium, et nobis parvi refert impedimenta temporaria quæ jam nunc non sunt.

2º Sed altera petitur conditio sine qua per subsequens matrimonium legitimi non fierent liberi, quæ instrumentum dotale vocatur. In Justiniani institutionibus invenimus : Nec non is qui a muliere libera procreatus, cujus matrimonium minime legibus interdictum fuerat, sed ad quam pater consuetudinem habuerat, postea ex nostra constitutione dotalibus instrumentis compositis in potestate patris efficitur. Solo consensu contrahitur matrimonium, sed in hoc casu necessarium instrumentum dotale, id est actus quo matrimonium pateat. Consociatio enim est inter mulierem et hominem, quæ

( 7 )

connubium non est sola animi destinatione. Animi destinatione mutata ac-
tum oportebat quo mutationem illam notam faciatur.

Nulla propria ad hoc petitur forma ; sed dotis constitutio quæ necessario in
instrumentis dotalibus invenitur, sufficit ad justas nuptias probandum, inter
virum et uxorem tantum dotalis constitutio videtur.

Tali matrimonio legitimi fiunt liberi qui naturales essent. Hujus legitimationis a matrimonii die et non nativitatis producuntur effectus, id est liber
sui juris manet usque ad matrimonii diem, et tunc legitimi jura habet et in
parentium potestatem redigitur.

A die matrimonii omnes legitimi fiunt liberi et qui ante matrimonium nati
essent et qui ab illo tempore nascuntur. Justinianus dicit : Quod si alii liberi
ex eodem matrimonio fuerint procreati similiter nostra constitutio præbuit.
Sancitum namque est ut si quis habens mulierem puro sibi affectu consterna-
tam, deinde filios procreaverit et postea etiam nuptialia fecerit instrumenta
et legitimos ex ea procreaverit filios ; neque ii qui prius nati sunt maneant
naturales : sed et illi connumerentur suis eo quod occasio omnino eis sunt
nasci legitimis. Nov. LXXIV, prooem.


## POSITIONES.


Provinciæ præses uxorem ducere potest illam quæ quondam in imperio
suo fuit, et illo matrimonio legitimi jam nati, fiunt liberi.

Non necesse est ut instrumentum dotale, quod requiritur propter legitimationem, memoret nomina liberorum.

# CODE NAPOLÉON.

## Preuves de la paternité et de la filiation légitimes. Actions en réclamation et contestation d'état.

( Livre I , titre VII. ) ( Chapitre II seulement. )

*Observations préliminaires.*

Avant d'entrer dans le sujet de notre Thèse , il est indispensable de faire un aperçu général et succinct sur les règles relatives à la paternité et à la filiation légitimes. Tout enfant issu d'un mariage légitime est enfant légitime. Cette filiation n'existe et ne peut exister que si le mariage est réellement prouvé, et que s'il est établi que les enfants sont issus du mariage.

Il faut examiner comment se prouve la paternité et la filiation.

Il peut se présenter deux cas : 1° la maternité est prouvée, il faut rechercher la paternité ; 2° la maternité n'est pas établie, il faut rechercher la maternité et la paternité.

1° Lorsqu'il est établi qu'une femme mariée a mis au monde un enfant, quel est le père de celui-ci ? La loi française pose une présompticn : L'enfant conçu pendant le mariage a pour père le mari, dit l'art. 312 Cod. N. Cette présomption, nous la trouvons aussi dans les lois romaines, qui nous disent : *Pater is est quem justæ nuptiæ demonstrant.* Pour prouver la légitimité de l'enfant, on s'atttache, comme nous le fait voir l'art. 312, au fait de la conception et non de la naissance. Le calcul de la grossesse d'une femme est le seul moyen pour parvenir à savoir quelle a été l'époque de la conception, et à connaitre ainsi si l'enfant est né du mariage, ou, au contraire, s'il est enfant illégitime. Le père, cependant, peut désavouer l'enfant dans certaines circonstances et selon certaines formes que nous indiquent les articles 312 et suivants. Mais, en principe, le père ne pourra désavouer l'enfant que s'il prouve l'adultère de la femme et le recel de la naissance.

2° La deuxième question que nous devions nous poser est celle de savoir comment se prouve la filiation légitime lorsque ni la maternité ni la paternité n'est établie. Ceci peut se représenter, soit que l'enfant demandeur réclame son état qu'on lui dénie, soit que les divers intéressés à le lui contester cherchent à l'en dépouiller quand il exerce les droits en dérivant.

Cette division nous amène à parler de la réclamation et de la contestation d'état. Mais, avant de nous occuper de ce sujet, il faut rechercher comment peut être prouvée la filiation légitime.

# CHAPITRE I.

*Preuves de la paternité et de la filiation légitimes.*

Le Code Napoléon admet trois sortes de preuves : 1° l'acte de naissance ; 2° la possession d'état ; 3° la preuve testimoniale sous certaines conditions.

Ces diverses preuves, en établissant la filiation d'une personne , établissent-elles , par ce fait , la légitimité de cette personne ? Assurément non. Mais nous supposons toujours la légitimité prouvée , et ce n'est que sous cette condition préalablement remplie que les trois preuves de la filiation sont admises.

### § I. *De l'acte de naissance.*

L'art. 319 dit : La filiation des enfants légitimes se prouve par les actes de naissance inscrits sur les registres de l'état civil. L'acte de naissance régulièrement établi , c'est-à-dire dressé conformément aux articles 55 et suivants du Cod. N., est sans contredit le moyen le plus probant d'établir la filiation d'un enfant. Les principales formalités voulues par la loi sont que la déclaration de la naissance soit faite, dans un certain délai, par le père ou par une personne ayant assisté à l'accouchement. L'acte de naissance doit être rédigé en présence de deux témoins ; il doit énoncer les jour, lieu et heure de la naissance, le sexe , les noms et prénoms de l'enfant, les noms, prénoms , profession , domicile des père et mère, et ceux des témoins. Tout acte de naissance régulier établit la filiation d'une personne ; mais ce n'est pas à dire, pour cela , qu'un acte de naissance manquant de certaines formalités voulues par la loi ne puisse établir la filiation.

L'acte de naissance , pour prouver la filiation , doit être accompagné de la preuve de l'identité de l'enfant désigné dans cet acte, avec celui auquel on prétend l'appliquer.

Là possession d'état est la meilleure preuve de l'identité. Nous ne pensons pas que l'on doive appliquer , pour établir l'identité d'un individu, les conditions imposées par l'art. 323 , et nous croyons que, dans tous les cas, la preuve testimoniale devra être admise.

### § II. *De la possession d'état.*

A défaut de l'acte de naissance, la possession constante de l'état d'enfant légitime suffit, dit l'art. 320. On nomme possession d'état, dit l'Ancien

Dénizart (tome III, sur ce mot, n° 1), la notoriété qui résulte d'une suite non interrompue d'actes faits par la même personne en la même qualité. L'art. 321 indique les faits principaux d'où peut résulter la possession d'état. Ces faits peuvent se résumer en trois mots latins, qui rendent exactement le sens de cet article : *Nomen, tractatus, fama.*

1° *Nomen.* Il faut que l'enfant ait toujours porté le nom de ceux auxquels il prétend appartenir.

2° *Tractatus.* C'est-à-dire que l'enfant doit avoir été traité comme l'enfant issu du mariage des personnes dont il se dit le fils.

3° *Fama.* Il faut que toujours il ait été présenté comme l'enfant du mariage, et qu'il ait été reconnu et considéré comme tel par tout le monde. *Vicinis scientibus,* comme dit la loi 9, Cod. *De nuptiis.*

L'art. 320 veut que la possession d'état ait été constante, c'est-à-dire, continue, suivie, sans lacune. La possession d'état peut être établie par toute espèce de preuve, par témoins ou par présomptions. La preuve contraire est de droit et peut être établie par les mêmes moyens.

### § III. *Preuve testimoniale.* (Renvoi.)

Le troisième mode de preuve est la preuve testimoniale, mais seulement dans des circonstances spéciales. Nous laissons de côté ce mode de preuve, car nous nous en occuperons en traitant des actions en réclamation et contestation d'état. Ce n'est, en effet, qu'à défaut de titre et de possession d'état que peut être intentée l'action en réclamation.

### § IV. *Concours de l'acte de naissance et de la possession d'état.*

La preuve de la filiation ne résultant que de l'acte de naissance ou de la possession d'état, n'est pas irréfragable. Mais, au contraire, le concours de l'acte de naissance et de la possession d'état forme une preuve qui ne peut être combattue par personne. L'art. 322 dit, en effet : Nul ne peut réclamer un état contraire à celui que lui donne son titre de naissance et la possession conforme à cet état. Réciproquement, nul ne peut contester l'état de celui qui a une possession conforme à son titre de naissance.

## CHAPITRE II.

*De l'action en réclamation d'état.*

I. L'action en réclamation d'état est l'action intentée par une personne intéressée, tendant à obtenir cet état et les avantages qu'il procure. Elle a un objet principal : réclamer l'état. La réclamation des biens et des droits attachés à l'état n'est que l'objet accessoire de cette action. Cette action peut être intentée dans quatre hypothèses différentes.

1° Le réclamant n'a pas de titre : dans cette circonstance, il est naturel qu'il cherche à s'en procurer un pour faire partie d'une famille, de la société.

2° Le réclamant a été inscrit comme né de père et mère inconnus, ou il prétend avoir été inscrit sous de faux noms. Dans ces deux cas, M. Demolombe pense que le réclamant n'est pas obligé de détruire d'abord, par la voie de l'inscription de faux ou autrement, cet acte qui lui attribue un état contraire à celui qu'il réclame. En effet, dit cet auteur, en établissant que la filiation qu'il réclame est vraiment la sienne, il établit par le fait même que celle qu'on lui attribuait ne lui appartenait pas.

3° L'action en réclamation suppose que le réclamant n'a pas la possession de l'état qu'il réclame : on ne peut, en effet, revendiquer ce que l'on possède.

4° L'action en réclamation d'état est recevable, lors même que le réclamant possède un état contraire à celui qu'il prétend lui appartenir ; mais alors seulement que l'acte de naissance n'est pas conforme à sa possession d'état.

II. Qui peut intenter cette action ?

1° L'enfant encore vivant.

2° Ses héritiers.

L'enfant, c'est évident, a le droit d'intenter cette action ; personne plus que lui n'y a intérêt. A son égard, l'action en réclamation d'état est imprescriptible ; c'est l'art. 328 qui nous l'apprend. Que signifie ce mot *imprescriptibilité?* Il veut dire que tant que l'enfant vivra, il pourra intenter son action en reclamation d'état, et que ce droit ne pourra être éteint par la prescription.

Cette imprescriptibilité dont jouit l'enfant pour intenter son action en réclamation d'état, ne s'applique pas à l'objet accessoire de cette action, c'est-à-dire que les droits pécuniaires qui dérivent de l'État, sont soumis aux règles ordinaires de la prescription. Tant que l'enfant vit, lui seul a le droit d'intenter cette action. Après sa mort, ce droit appartient à ses héritiers, mais alors seulement, dit l'art. 329, que l'enfant est décédé mineur ou dans les cinq années de sa majorité. Les héritiers peuvent-ils intenter l'action en réclamation d'état dans son objet principal et accessoire? Les descendants seuls de l'enfant auront ce droit ; les collatéraux ne pourront intenter cette action que dans son objet accessoire, c'est-à-dire pour obtenir les droits et les biens attachés à l'état qu'ils réclament. L'imprescriptibilité accordée à l'enfant, n'est pas accordée à ses héritiers.

L'art. 330 prévoit le cas où l'action aurait été commencée par l'enfant : il est ainsi conçu : « Les héritiers peuvent suivre cette action lorsqu'elle a été commencée par l'enfant, à moins qu'il ne s'en fût désisté formellement, ou qu'il n'eût laissé passer trois années sans poursuites , à compter du dernier acte de la procédure. »

III. Devant quel tribunal doit être formée l'action en réclamation d'état? L'art. 326 est formel : les tribunaux civils seront seuls compétents pour statuer sur les réclamations d'état ; et l'art. 327, en disant : L'action criminelle

contre un délit de suppression d'état, ne pourra commencer qu'après le jugement définitif sur la question d'état; déroge à l'art. 3 , Cod. Inst. Crim.
Le but de cet article est d'empêcher que la question d'état, la question civile
de paternité et de filiation soit préjugée par les tribunaux criminels. De là,
une double conséquence : l'art. 327 sera applicable toutes les fois que la
chose jugée au criminel aurait pour résultat de trancher la question d'état ;
il ne sera pas applicable toutes les fois que la chose jugée au criminel laissera
intacte cette question. L'art. 327 n'est applicable qu'en matière de filiation ;
malgré cela, la Jurisprudence a décidé que quelquefois les tribunaux criminels pourraient provisoirement statuer sur des questions d'état, même en
matière de filiation, lorsqu'elles se présentent incidemment devant eux. ( Une
personne est accusée de parricide, et dit qu'elle n'est pas l'enfant de la personne homicidée. )

IV. Que doit prouver le demandeur ? La maternité de l'épouse, la paternité du mari. La maternité peut se prouver directement par l'accouchement,
l'identité de l'enfant ; la paternité ne peut se prouver que par induction. Les
moyens de preuve de filiation légitime, sont, avons-nous dit, l'acte de naissance, la possession d'état, la preuve testimoniale. Il est utile de dire un
mot de ce troisième mode de preuve dont nous n'avons pas encore parlé.

Les art. 323 , 324 et 325 régissent les règles de ce mode de preuve; la
preuve de la filiation par témoins ne peut se faire qu'en l'absence de l'acte de
naissance et de la possession d'état, lorsqu'il y a un commencement de
preuve par écrit, ou lorsque les présomptions ou indices résultant de faits
dès lors constants, sont assez graves pour déterminer l'admission.

Le législateur, en établissant une telle mesure, s'est montré sage et pru-
dent. La nature des faits à prouver est toute spéciale; ils sont faciles à
cacher et peuvent se passer dans le secret des familles , sans que personne
n'en sache rien. Il fallait donc être exigeant et ne pas admettre la preuve
testimoniale ne reposant sur aucun écrit. On ajoute plus de foi à un écrit qu'à
de simples paroles, alors surtout que l'écrit émane de personnes qui ont des
intérêts contraires à ceux du réclamant. S'il n'y a commencement de preuve
par écrit , il faut que la preuve testimoniale repose sur des faits constants,
qui soient asssez probants pour faire présumer la vérité du fait que le récla-

mant avance. Le commencement de preuve par écrit doit rendre vraisemblable le fait allégué par le réclamant.

L'art. 324 nous dit : « Le commencement de preuve par écrit résulte des titres de famille, des registres et papiers domestiques du père et de la mère, des actes publics et même privés, émanés d'une partie engagée dans la contestation, ou qui y aurait intérêt, si elle était vivante. »

Cet article est-il limitatif? Nous ne le pensons pas; de simples lettres missives, émanées du père ou de la mère, seraient un commencement de preuve par écrit. Cet article, en admettant comme commencement de preuve par écrit des actes même privés, nous fait voir qu'une simple lettre missive est un commencement de preuve par écrit; l'on peut, en effet, la ranger, la classer parmi les actes privés. L'art. 1347 vient à l'appui de notre opinion; il est ainsi conçu : « On appelle ainsi, c'est-à-dire commencement de preuve par écrit, tout acte par écrit qui est émané de celui contre lequel la demande est formée, ou de celui qu'il représente et qui rend vraisemblable le fait allégué. » La preuve contraire pourra se faire par toute espèce de moyen, c'est l'art. 325 qui nous l'apprend.

V. Le réclamant, avons-nous dit, doit prouver la maternité de la mère et la paternité du père. Il se présente deux cas : 1° Le procès est simultané contre la prétendue mère et le prétendu père ; la maternité une fois prouvée, la présomption de l'art. 312 existe contre le père; 2° mais si l'enfant fait un procès distinct contre la prétendue mère seulement, et qu'il vienne à gagner son procès, il ne pourra, par le jugement qui le déclare fils de cette femme, en induire la paternité du mari. Il sera obligé de recommencer un nouveau procès contre le père, pour s'en faire déclarer le fils.

Dans tous les cas, il est toujours préférable d'intenter l'action simultanément, soit pour économiser des frais, soit pour éviter une foule d'inconvénients qui peuvent se présenter lorsque le procès est distinct ( action en désaveu ).

# CHAPITRE III.

## *De la Contestation d'état.*

Nous venons de nous occuper de l'enfant qui, déchu de son état, le réclamait; nous avons vu comment il devait agir. Il nous reste à dire ce qu'il faut faire lorsqu'on veut dépouiller quelqu'un de l'état qu'il a indûment usurpé.

I. Qui peut intenter l'action en réclamation ? Ce droit appartient à toute personne qui a un intérêt soit moral, soit pécuniaire, à contester l'état d'une personne.

II. Dans quel cas cette action n'est-elle pas recevable? L'art. 322 répond à cette question ; lorsque l'enfant a un titre de naissance et une possession conforme à cet état.

III. Les tribunaux civils, comme pour la réclamation d'état, sont seuls compétents.

IV. La contestation d'état est imprescriptible, soit contre l'enfant, soit contre ses ayant cause.

L'état d'une personne est une chose hors du commerce, il ne saurait pas plus s'acquérir que se perdre par l'effet de la prescription.

Peut-on contester l'état d'une personne qui est morte? Le Droit romain ne le permettait pas, nous trouvons, en effet, dans les lois romaines : *Ne de statu defunctorum quæratur.* Cette action était prescriptible par cinq ans. Le Code ne dit rien à cet égard. — Mais cette action est sujette à la prescription ordinaire pour les biens et les droits qui se rattachent à l'état,

## QUESTIONS.

I. La déclaration faite par un homme et une femme mariés, à un officier de l'état civil, que tel individu, aujourd'hui âgé de plusieurs années, est l'enfant issu du mariage, sera-t-elle un titre suffisant pour prouver la filiation légitime ? — Oui.

II. La possession d'état une fois acquise peut-elle être interrompue sans se perdre ? — Oui.

III. Les créanciers de l'enfant peuvent-ils quelquefois intenter l'action en réclamation d'état ? — Non.

# CODE DE PROCÉDURE.

## DES JUGEMENTS.

### Délibération, Prononciation, Expédition.

(·Livre II, titre VII.)

Les jugements sont les actes par lesquels le pouvoir judiciaire statue sur les difficultés qui lui sont soumises. Le titre VII du Code de Procédure, dont nous avons à nous occuper, renferme les règles relatives à la délibération, à la prononciation, à l'expédition du jugement; mais il contient en outre certaines dispositions spéciales à des cas particuliers. Ces dispositions se réfèrent au délai de grâce, à la contrainte par corps, aux restitutions de fruits, anx dommages, aux serments, à l'exécution même du jugement, cas spéciaux dont nous ne pouvons comprendre l'étude sous le titre général qui nous a été assigné. Ces divers cas sont l'objet de décisions secondaires et accessoires au fond du procès.

Les jugements sont de diverses espèces, suivant le point de vue sous lequel on les examine. Si les parties ont été présentes, ils sont contradictoires. Si l'une des parties ne comparaît pas, ils sont par défaut, et suivant que c'est le demandeur ou le défendeur qui a fait défaut, ils sont qualifiés de défaut congé ou défaut faute du défendeur. L'on subdivise cette dernière espèce en défaut faute de comparaître, défaut faute de conclure, et défaut joint. Les jugements par défaut sont dans tous les cas susceptibles d'opposition. Suivant qu'un jugement termine, complétement ou non, une instance, le jugement est définitif ou avant faire droit. Les derniers sont provisoires, préparatoires ou interlocutoires. Suivant qu'ils sont susceptibles d'appel ou non, ils sont en premier ou dernier ressort. Enfin, on nomme jugement d'expédient, des jugements convenus d'avance entre les parties, espèce de transaction dont les conditions sont formulées par un jugement.


*Délibération.*


Un jugement ne peut être prononcé que lorsque l'affaire a été instruite; mais avant la prononciation du jugement, les juges doivent délibérer.

Le premier devoir du juge est de voir si le tribunal a été régulièrement composé, si les juges étaient en nombre suffisant, si, en cas d'absence de l'un d'eux, il a été régulièrement remplacé, et si, dans tous les cas, le nombre des magistrats prédomine.

Après cette première formalité, on procède à la délibération proprement dite, et les art. 116, 117 et 118, C. Pr., nous apprennent de quelle manière elle doit se faire. La discussion une fois terminée, l'on doit recueillir les voix de la manière suivante : les juges opineront chacun leur tour en commençant par le dernier reçu. Cette mesure a été prise par la loi, pour que lès juges inexpérimentés apprennent à se faire une opinion personnelle, et à consulter leur conscience plutôt que de se laisser influencer par les juges les plus anciens. Dans les affaires où il y a un rapport, le rapporteur doit, dans tous les cas, opiner le premier, car lui, mieux que tout autre, il doit connaitre l'affaire, peut éclairer les autres juges et exercer sur eux une légitime influence.

Si dans un même tribunal il y a pour juge des parents jusqu'au degré d'oncle et de neveu inclusivement, leurs voix réunies, s'ils sont du même avis, ne peuvent être comptées que pour une ; mais il n'en est pas ainsi, s'ils sont d'avis différents. Il nous parait résulter de cette disposition, que toutes les fois que deux juges sont parents et font partie du même tribunal, on doit éviter de les mettre dans les mêmes Chambres, et que dans tous les cas, les jugements auxquels ils auront pris part, doivent spécifier s'ils ont été d'avis différents.

Les jugements sont rendus à la majorité des voix. La majorité relative ne suffit pas ; il faut une majorité absolue, c'est-à-dire qu'un jugement ne peut être prononcé que lorsque la même opinion est professée par la moitié des juges plus un au moins. S'il se forme plus de deux opinions, et qu'aucune de ces opinions n'ait la majorité absolue, les juges les plus faibles en nombre, et c'est l'art. 117 C. Pr. qui le dit, seront tenus de se réunir à l'une des deux opinions émises par le plus grand nombre. Toutefois, ils ne seront tenus de s'y réunir qu'après que les voix auront été recueillies une seconde fois. La loi ne se montre-t-elle pas trop rigoureuse en obligeant un juge à se prononcer entre deux opinions qu'il désapprouve, et à adopter l'une d'elles ?

Il peut arriver quelquefois qu'aucune des opinions ne puisse obtenir la majorité absolue, et, dans ce cas, le tribunal ne peut rendre qu'un jugement de partage. Pour vider le partage, on appellera un nouveau juge ou un suppléant, et, à défaut de suppléant, un avocat ou un avoué, en suivant l'ordre du tableau. L'affaire recommencera entièrement comme si elle n'avait pas été plaidée. Sur cette nouvelle plaidoirie, les juges pourront, soit conserver, soit modifier l'opinion qu'ils ont déjà formulée lors du jugement de partage.

Si le partage n'a lieu que sur un chef du procès , l'on ne doit se préoccuper que de ce point, et le jugement reste valable sur tous les autres points.

### De la Prononciation.

Après la délibération et la constatation d'une majorité, le jugement doit être prononcé. Jusqu'à la prononciation du jugement, les juges sont libres de modifier leur opinion. Dès que le jugement est prononcé, cette liberté leur est enlevée , et le jugement ne peut éprouver aucun changement. La prononciation de tout jugement doit être publique , dans les cas même où les débats ont eu lieu à huis clos. Il doit être prononcé par celui qui a présidé les débats. L'article 138 C. Pr. veut que le président et le greffier signent la minute du jugement aussitôt qu'il est rendu. Ces signatures sont indispensables. La signature du président doit toujours , et dans tous les cas , être apposée sur la minute de tout jugement. Si, par un accident extraordinaire , il se trouvait dans l'impossibilité de signer , il doit être remplacé par le plus ancien juge ayant assisté aux plaidoiries. Quant à la signature du greffier qui ne pourrait signer, elle pourra être remplacée par une simple mention du président. La loi a voulu , pour assurer la conservation des jugements, que les minutes de tout jugement fussent signées le jour même où il est prononcé , ou dans les vingt-quatre heures au plus tard. Cette disposition ne s'exécute pas à la lettre , parce que les motifs peuvent nécessiter une rédaction ultérieure.

Le greffier doit constater , sur la feuille d'audience, les minutes de chaque jugement. Il devra faire mention en marge des noms du président et juges et du ministère public qui y auront assisté , et signera cette mention, ainsi que le président. Cette mesure a été prise pour donner une garantie légale de la composition du tribunal.

A tout jugement définitif se rattache la question des dépens ; car , dans toute instance , les juges doivent déterminer par qui ils doivent être supportés. La loi a déterminé à la charge de qui ils doivent être mis. Nous n'avons point à nous occuper ici de cette question ; qu'il nous suffise de dire que, dans tous les cas, la question des dépens doit être vidée par le juge.

Nous terminerons ce qui est relatif à la prononciation des jugements, en disant que, dans tous les cas où il est prononcé un jugement par défaut, ce jugement doit désigner l'huissier qui sera chargé de le signifier à la partie absente. Cette mesure a été prise pour que le tribunal puisse s'assurer que toutes les conditions seront remplies pour porter le jugement à la connaissance de la partie défaillante.

### De l'Expédition.

L'expédition de tout jugement, qui n'est autre chose qu'une copie du jugement, est l'œuvre de trois personnes, savoir : du greffier, de l'avoué et du juge. Le travail fait par chacune de ces personnes a un nom spécial : celui du greffier s'appelle le plumitif, celui de l'avoué les qualités, celui du juge les motifs et le dispositif.

Nous devons examiner chacune de ces parties, voir ce qu'elles sont, et de quelle manière elles doivent être faites.

I. Et d'abord, le plumitif d'un jugement, qui est l'œuvre du greffier, est une formalité voulue par la loi afin de bien établir l'authenticité du jugement et d'en garantir l'exécution exacte. Le plumitif comprend : 1º la formule exécutoire, qui doit se trouver en tête et à la fin de tout jugement que l'on veut faire sortir effet; 2º la mention que le jugement a été rendu en audience publique; 3º la date du jour du prononcé du jugement; 4º le nom des juges, formalité essentielle pour faire savoir si le tribunal était régulièrement composé; 5º le nom de l'organe du ministère public; 6º la mention que le président et le greffier ont signé la minute; 7º la date de l'enregistrement de la minute; 8º la date de la délivrance et le nom de la personne à laquelle l'expédition a été délivrée; 9º enfin, la signature du greffier sur l'expédition pour en garantir l'exactitude et lui donner la force légale.

II. La seconde partie de l'expédition d'un jugement, qu'on appelle les qualités, est l'œuvre des avoués, dans les juridictions où il y en a, et des greffiers dans les juridictions où il n'y a pas d'avoués. Les qualités d'un jugement, qui sont l'historique du procès, doivent énoncer : 1° les noms, prénoms, profession et domicile des parties ; 2° les noms des avoués constitués ; 3° les points de fait et de droit et la mention des principales pièces de la procédure ; 4° les conclusions des parties, mais, pour ne pas augmenter les frais, la loi défend de porter les motifs de ces conclusions ; 5° enfin, quelles sont les questions que le tribunal a eues à juger.

Les qualités d'un jugement n'en sont pas la partie la moins importante. Aussi la loi s'en est-elle préoccupée et a-t-elle organisé un système spécial pour le règlement des qualités. Les art. 142 à 146, C. Pr., exclusivement, se sont occupés de cette matière. Dans les jugements de défaut, cette procédure ne peut avoir lieu ; l'opposition au jugement est le seul moyen de recours qu'a le défaillant contre les qualités.

Dans les juridictions où les qualités sont rédigées par le greffier lui-même, il n'y a aucune voie de recours spéciale.

III. Après les qualités vient l'œuvre du juge, qui se compose des motifs et du dispositif. L'œuvre du juge se lie intimement, comme on peut facilement le comprendre, aux qualités. Le dispositif, en effet, n'est que la réponse aux questions posées dans les qualités, et les motifs ne sont que l'énonciation des raisons sur lesquelles ces réponses sont basées.

Ainsi, comme on peut le voir, aucune des formalités exigées pour l'expédition des jugements n'est inutile. Tout, soit dans le plumitif, soit dans les qualités, soit dans les motifs et le dispositif, tout a sa raison d'être, et la moindre omission de l'une de ces formalités pourrait entraîner les conséquences les plus graves.

## QUESTIONS.

Les formalités exigées par l'art. 141, le sont-elles sous peine de nullité?
— Oui.

Faut-il prononcer le partage lorsque les juges ont déclaré qu'il y a lieu d'accorder des dommages, et qu'ils ne sont en désaccord que sur la quotité? — Oui.

# CODE D'INSTRUCTION CRIMINELLE.

## De l'influence respective de la chose jugée au criminel sur le civil, et de la chose jugée au civil sur le criminel.

I. Tout délit engendre, dans l'intérêt de la société, le droit de faire subir une peine légale; il peut aussi engendrer, dans l'ordre des intérêts privés, le droit d'obtenir la réparation du préjudice qu'il a causé. Ces droits s'exercent au moyen de l'action publique et de l'action civile.

L'action publique est un recours à l'autorité judiciaire, exercé dans l'intérêt de la société par le ministère public. Arriver à la constatation des faits incriminés par la loi et à l'application des peines établies pour les réprimer, tel est son but. Elle aboutit à une condamnation pénale, à une absolution ou à un acquittement.

L'action civile offre un recours à l'autorité judiciaire, exclusivement exercé dans un intérêt privé par la partie lésée. Elle a pour but d'obtenir la réparation du préjudice occasionné par le fait incriminé au cas de condamnation. Cette action aboutit à des réparations qui consistent, soit dans le rétablissement de la situation à laquelle le délit a porté atteinte, soit à des indemnités pécuniaires, si ce rétablissement est impossible.

II. Ces notions exposées, occupons-nous de l'influence respective de la chose jugée au criminel sur le civil, et de la chose jugée au civil sur le criminel.

En règle générale, la décision rendue au civil n'a aucune influence sur le criminel. En effet, au civil tout est laissé à l'intérêt des parties. Au criminel, tout est fait pour l'intérêt général, et l'intérêt général ne doit pas être abandonné à l'intérêt privé. Ainsi, la décision civile n'aura pas d'influence au criminel, ou n'y en aura que par rapport aux questions privées dont pouvait connaitre exclusivement la juridiction civile.

III. Quant à l'influence que le criminel peut exercer sur le civil, il en est autrement. L'influence de la chose jugée au criminel imprime à la décision des juges un caractère qui ne peut lui être enlevé par les juges civils.

Lorsque le ministère public a dirigé ses poursuites contre une personne que les tribunaux criminels ont absoute, acquittée ou condamnée, peut-on remettre en question devant les tribunaux civils les points sur lesquels se sont prononcés les tribunaux criminels ? Il est nécessaire, pour résondre cette question, de faire deux grandes divisions.

### PREMIÈRE DIVISION.

La personne qui se prétend lésée par un délit s'est constituée partie civile.

Cette question ne présente aucune difficulté; la décision criminelle aura, contre celui qui s'est porté partie civile, toute l'autorité de la chose jugée. Il ne peut s'élever aucun doute à cet égard, et cette opinion est professée par tous les auteurs et par la jurisprudence. S'il en était autrement, dit un auteur l'avantage d'être absous serait illusoire si l'accusateur avait le droit de renouveler perpétuellement ses dénonciations sur le même fait, et si l'accusé ne pouvait espérer asile que dans le tombeau. Cette opinion, conforme à l'équité naturelle, était admise en droit romain. Nous trouvons, en effet, à la loi 7 Digeste, *De accusationibus et inscriptionibus : iisdem criminibus quibus quis liberatur non debet præses pati eumdem iterum accusari.*

SECONDE ·DIVISION.

La personne qui se prétend lésée par un délit ne s'est point portée partie civile dans le procès criminel.

Quel sera l'effet du jugement intervenu dans le procès criminel sur l'exercice de l'action civile ? Devra-t-on appliquer d'une manière absolue la maxime admise par certains criminalistes : le criminel emporte le civil; et les tribunaux civils seront-ils définitivement liés par la décision criminelle ? Cette question a soulevé de longs débats, et doit être examinée avec soin.

Pour nous éclairer dans cette matière, nous devons consulter la jurisprudence, voir le système qu'elle a admis et sur quelles bases elle fonde son opinion ; après quoi nous mentionnerons les arguments principaux dont se servent certains auteurs pour faire prévaloir l'opinion contraire.

En règle générale, la jurisprudence admet l'autorité de la chose jugée au criminel sur le civil, alors même que l'on ne s'est point porté partie civile.

Elle se base, 1° sur ce que, d'après l'art. 3 du Code d'instruction criminelle, l'action publique est évidemment préjudicielle à l'action civile ;

2° Sur ce que le ministère public, mandataire de la société, en instruisant l'affaire dans un intérêt social, représente tous les citoyens et par conséquent la partie lésée, d'où l'on conclut que l'autorité de la chose jugée est établie à l'égard de tous ;

3°. Sur divers textes de nos codes, et notamment sur l'art. 198 Cod. Nap. et 359 Cod. Inst. Cr. qui en établissant certains effets de la chose jugée au criminel sur le civil, démontrent la vérité de la règle admise par la jurisprudence.

Telles sont les diverses raisons qui ont amené la jurisprudence à admettre d'une manière générale l'autorité de la chose jugée au criminel sur le civil. A cette règle on peut opposer des exceptions, et notamment celle prévue par l'art. 42 du titre 18 de l'ordonnance de 1607. Ce cas prévu par l'ordonnance se présente lorsque le tribunal criminel, en statuant à la fois sur l'action publique et sur l'action civile, a rejeté la première et réservé la seconde à la partie plaignante.

Il va sans dire que, dans tous les cas, l'autorité de la chose jugée n'est admise que par rapport aux faits relatifs au procès criminel.

Les actes de la juridiction criminelle qui peuvent influer sur l'exercice ultérieur de l'action civile, sont de diverses espèces; savoir : 1° les ordonnances et arrêts de non-lieu; 2° les arrêts d'acquittement ou d'absolution; 3° les arrêts de condamnation.

Examinons maintenant les principaux arguments dont se servent certains auteurs pour rejeter l'opinion admise par la jurisprudence : l'art. 3 Cod. Inst. crim. qui est ainsi conçu : « L'action civile peut être poursuivie en même temps et devant les mêmes juges que l'action publique. Elle peut aussi l'être séparément; dans ce cas l'exercice en est suspendu tant qu'il n'a pas été prononcé définitivement sur l'action publique intentée avant ou pendant la poursuite de l'action civile; » n'a pas eu pour but d'établir que l'action publique est préjudicielle à l'action civile. Le Législateur a voulu, par la disposition de cet article, qu'il fût sursis au jugement civil jusqu'à ce que le jugement criminel soit rendu, et cela pour plusieurs motifs. Pour éviter d'abord que la même affaire fût simultanément jugée par deux juridictions différentes qui, jugeant à l'insu l'une de l'autre, pourraient être entraînées à des sentences contradictoires. A cette première raison nous pouvons en joindre une seconde non moins efficace; c'est que la juridiction criminelle instruisant l'affaire plus à fond que ne le font et ne peuvent le faire les juges civils, éclaire ces derniers par sa décision. Ces raisons nous font croire que l'art. 3 Cod. Inst. cr. a eu pour but d'établir un simple sursis à l'action civile jusqu'après la décision des juges criminels, et n'a point voulu faire de l'action publique une question préjudicielle à l'action civile.

Si l'action publique n'est point une question préjudicielle à l'action civile, nous pouvons cependant citer plusieurs cas où le tribunal criminel doit suspendre sa décision.

Nous nous contenterons d'énumérer quelques-uns de ces cas ; ainsi, l'art. 182 C. F., nous en fournit une preuve, et nous fait voir que quelquefois, des questions de propriété ou autre droit réel concernant un immeuble, ne peuvent être jugées au criminel avant la décision des juges compétents. Cet article est formel; l'on ne peut élever aucun doute à cet égard, et l'on doit l'appliquer, malgré la règle générale qui dit: le juge criminel, compétent pour statuer sur une affaire dont il est saisi, l'est en même temps pour décider la question de Droit civil qui se réfère aux éléments constitutifs du délit, lors même qu'il ne pourrait pas connaître de ces questions, si elles se présentaient à juger en dehors du procès criminel. Il en est de même dans le cas des art. 188 et 189 C. N., en cas de bigamie, crime puni par l'art. 340 C. P. Dans ce cas, comme dans le précédent, le juge criminel sera obligé d'attendre la décision des juges civils, et ne pourra statuer, que lorsque la validité du premier mariage aura été déclarée. Si les nouveaux époux opposent la nullité du premier mariage, elle doit être préalablement jugée, même quand elle est proposée devant les tribunaux criminels par un prévenu de bigamie.

Nous trouvons une autre preuve irréfutable à l'appui de notre opinion dans le texte même des articles 326 et 327 C. N. Ces articles disent, en effet, art. 326 : les tribunaux civils seront seuls compétents, pour statuer sur les réclamations d'état. Art 527 : l'action criminelle contre un délit de suppression d'état ne pourra commencer qu'après le jugement définitif sur la question d'état.

La Jurisprudence, pour soutenir son système, se base sur le rôle du ministère public. Cette raison n'est pas meilleure que la précédente, et doit être réfutée. Le ministère public est, il est vrai, le représentant de la société, et par conséquent son mandataire. A ce titre, il doit maintenir l'ordre au sein des sociétés, et veiller à ce que le droit de chaque citoyen soit respecté.

Le ministère public, mandataire de la société, doit poursuivre les crimes ou délits qui pourraient la troubler. Cette poursuite, le ministère public l'exerce au nom de tous les citoyens, et lui seul a le droit de l'exercer. Nous trouvons en effet, dans un arrêt de la Cour de cassation du 17 mars 1813 : Le ministère public est seul partie capable pour poursuivre les crimes et les délits ; il les poursuit aux risques, périls et fortune de tous ceux qui y sont intéressés, lorsqu'ils ne se rendent pas partie civile, et le jugement qui intervient, ne peut jamais être attaqué par les parties privées. Cet arrêt nous fait voir combien doit influer le criminel sur le civil, et établit d'une manière générale l'autorité de la chose jugée. Si l'on refuse d'accepter cette opinion, enseignée par la Jurisprudence, que deviendra la règle Romaine : *Res judicata pro veritate habetur ?*

A cette objection, nous pouvons opposer l'art. 1351 C. N., qui dit : « L'autorité de la chose jugée n'a lieu qu'à l'égard de ce qui a fait l'objet du jugement. Il faut que la chose soit la même ; que la demande soit fondée sur la même cause ; que la demande soit entre les mêmes parties et formée par elles et contre elles en la même qualité. » Cet article n'est-il pas formel ? ne nous fait-il pas voir que l'autorité de la chose jugée n'a lieu que lorsque la demande est entre les mêmes parties, et formée par elles et contre elles, en la même qualité ? Or, la Jurisprudence, se basant sur ce que le ministère public, représentant de la Société, représente tous les citoyens, et par conséquent la partie lésée, admet l'autorité de la chose jugée à l'égard de tous.

Cette raison ne nous paraît pas plus admissible que la première pour établir l'influence du criminel sur le civil, et doit être rejetée ; les art 198 et 232 Cod. Nap. nous font voir que les jugements criminels peuvent dans quelques cas produire certains effets d'un jugement civil, mais n'établissent pas d'une manière générale, comme l'a admis la Jurisprudence, l'autorité de la chose jugée au criminel sur le civil.

Examinons maintenant les actes de la juridiction criminelle, et voyons s'ils peuvent influer sur l'exercice ultérieur de l'action civile.

1° Et d'abord, les ordonnances et arrêts de non-lieu ne peuvent produire aucun effet sur l'exercice ultérieur de l'action civile. Ces ordonnances et arrêts établissent que les faits incriminés ne réunissent pas les caractères nécessaires pour constituer un délit, et qu'il n'y a pas lieu de poursuivre. Mais un fait ne constituant pas un délit peut donner lieu à des dommages, et par conséquent à une poursuite civile.

2° Les arrêts d'acquittement ou d'absolution ne doivent pas exercer plus d'influence que ceux de non-lieu. La jurisprudence elle-même le reconnaît. Déclarer en effet qu'un individu est innocent d'un fait pouvant entraîner des peines criminelles, ce n'est pas établir nécessairement la non existence d'un fait pouvant donner lieu à des réparations civiles. La Jurisprudence, en admettant ce principe, a fait une distinction qui nous semble mal fondée. Elle ne devrait pas distinguer le cas où le fait n'existe pas de celui où l'accusé ne l'a pas commis ; les décisions de la Cour d'assises n'étant jamais motivées. — Nous n'opposons pas cette objection dans le cas de condamnation correctionnelle, les jugements correctionnels devant être toujours motivés.

3° Quant aux arrêts de condamnation, ils établissent l'autorité de la chose jugée au criminel sur le civil, et servent de base aux demandes civiles. Nous croyons que, dans l'intérêt de la société, et notamment de la partie lésée, l'on doit admettre l'autorité de la chose jugée contre l'accusé, mais dans aucun cas en sa faveur.

Il est aisé de comprendre, d'après les raisons ci-dessus exposées, qu'il serait bien injuste et bien criant pour la partie lésée de ne pouvoir réclamer des dommages devant les tribunaux civils par le seul fait d'un arrêt de non-lieu, d'acquittement ou d'absolution devant la juridiction criminelle.

Tel est en résumé tout le système de la Jurisprudence, telles sont aussi les opinions des auteurs qui n'admettent pas ce système.

En présence de ces deux systèmes, nous trouvons des raisons de douter ; cependant nous croyons que le premier de ces systèmes est trop rigoureux en admettant dans tous les cas l'autorité de la chose jugée au criminel sur le civil, et que le second serait préférable, en reconnaissant cependant dans certains cas cette influence. C'est donc ce dernier système que nous adopterions de préférence.

## POSITION.

L'individu, qui a été poursuivi correctionnellement et qui a été acquitté, peut être poursuivi devant les tribunaux civils.

---

Cette Thèse sera soutenue, en séance publique, dans une des salles de la Faculté, le 12 août 1862.

*Vu par le Président de la Thèse,*

**DUFOUR.**

www.ingramcontent.com/pod-product-compliance
Ingram Content Group UK Ltd.
Pitfield, Milton Keynes, MK11 3LW, UK
UKHW022234070726
13613UKWH00004B/1939